BALLON CAPTIF

FUSIFORME ET CLOISONNÉ

SYSTÈME

JULES BEL

Breveté S. G. D. G.

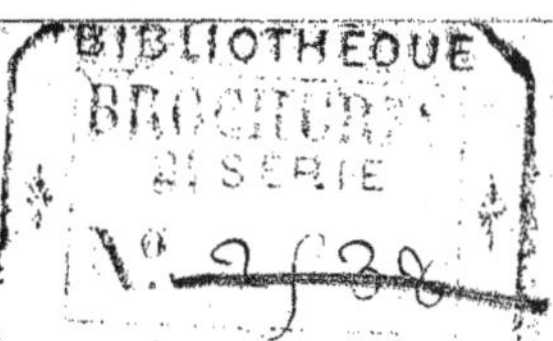

PARIS

IMPRIMERIE DE LA BOURSE

68, RUE DE RICHELIEU, 68

—

1886

L. NOYER

BALLON CAPTIF

FUSIFORME ET CLOISONNÉ

SYSTÈME

JULES BEL

Breveté S. G. D. G.

PARIS

IMPRIMERIE DE LA BOURSE

68, RUE DE RICHELIEU, 68

—

1886

L. NOYER

BALLON CAPTIF

FUSIFORME ET CLOISONNÉ

DU SYSTÈME GIFFARD ET SIMILAIRES

Des différentes difficultés qui se présentent pour l'établissement d'un ballon captif pour ascensions publiques, dans les conditions jusqu'ici exécutées, la principale consiste dans la poussée du vent.

Il suffit, pour s'en convaincre, de se rendre compte de l'énorme surface que présente un ballon d'un cube tant soit peu fort et de la pression que peut y exercer le vent à un moment donné ; cet effort se traduit sur le système par une déviation de la verticale et par une traction sur le câble, le tout en rapport avec la pression du vent, c'est-à-dire comme le carré de sa vitesse.

Pour éviter une trop grande déviation de la verticale et ne pas aboutir à une sorte de cerf-volant, l'on a été obligé de donner aux ballons qui ont été construits jusqu'ici un excédant de force ascensionnelle considérable; laquelle, en plus d'être distraite à sa fonction naturelle qui est l'enlèvement des voyageurs et du matériel, s'ajoutait à la traction exercée sur le câble par la pression du vent et, par conséquent, exigeait une plus grande puissance de celui-ci ainsi que de l'appareil de traction.

En cet état, le câble, qui devait résister à l'effort du vent et à la traction de la force ascensionnelle tenue obligatoirement en excès, compliquait à son tour la chose et cela d'autant plus que le travail utile qu'il peut fournir décroît avec sa longueur, qu'on lui demande de travailler à des centaines de mètres et que l'on aspire toujours à monter plus haut.

L'étoffe en subissait aussi une augmentation de poids très sérieuse, éar il est de toute nécessité que le ballon ne puisse se déformer sous l'influence d'un coup de vent et que pour cela il est indispensable de tenir le gaz sous une pression telle qu'il puisse supérer la pression exercée par le vent; de là une étoffe capable de résister à cette pression intérieure.

Un exemple éclaircira mieux la question :

Prenons le ballon captif de l'exposition de 1878. Son diamètre était de 36^m, ce qui portait sa section à 1.017^{mc}.

Le coefficient adopté par Multon pour les résistances des sphères et des fluides, coefficient qu'il est de toute prudence de ne pas dépasser, est le $\frac{6}{10}$ du plan mince.

La section réduite dudit ballon était donc de $1.017 \times \frac{6}{10} = 610^{\text{mc}}$, en éliminant les fractions.

La pression du vent s'exercant normalement sur une surface plane est à la vitesse d'un mètre par seconde, de 135 gr. par mètre carré.

Il est évident que si le ballon ne devait supporter qu'un vent seulement sensible ou même un vent modéré l'inconvénient n'existerait pas; mais en pratique il n'en est pas ainsi et l'on ne peut admettre qu'une exploitation publique de ce genre ne puisse fonctionner sous un vent frais ou brise d'une vitesse de 6 mètres par seconde.

L'air en mouvement, c'est-à-dire le vent, est loin d'avoir une vitesse uniforme, il s'écoule par poussées très variables en elles-mêmes. Les instruments enregistreurs qui ont fourni les données pour apprécier la vitesse des vents n'ont donné que la totalisation de la distance parcourue par celui-ci et divisée par le temps. Quelle est la poussée maximum qu'en temps normal il faut prévoir à Paris? C'est à quoi l'on ne peut répondre pour le moment; j'ai adressé à ce sujet une demande à M. Mouchez, directeur de l'observatoire.

Cet établissement possède depuis peu de temps un anémomètre Bourdon, encore très peu répandu, lequel traduit graphiquement la poussée du vent; il n'a pas encore été fait de relevé d'aucune sorte. Ma demande se borne à la connaissance de la poussée maximum diurne, voire même hebdomadaire, pendant une période d'une année; ces données m'auraient été d'une très grande utilité pour ma démonstration. Il m'a été répondu qu'on allait faire droit à ma demande et qu'on m'en informerait sitôt que le travail serait terminé. Il est regrettable que je ne puisse pas inclure ici ce tableau.

De toutes façons il est permis de conclure, d'après une appréciation impartiale, qu'un ballon captif destiné aux ascensions publiques doit être établi en prévision d'un vent de 6 mètres par seconde et de façon à supporter en l'air l'effort d'une poussée de 10 mètres à la seconde.

Voyons quel était l'effort que subissait le ballon captif de **M. Giffard** à certains jours, ou, du moins, l'effort auquel l'on était en droit d'exiger qu'il eut établi son système. Chose qu'exigera certainement toute police consciencieuse de son devoir envers le public.

Pour la vitesse de 6 mètres à la seconde, l'on aura : $610^{mc.} \times 135 \text{ gr.} \times 6^2 = 2.964 \text{ k.}$

Pour la poussée de 10 mètres à la seconde : $610^{mc.} \times 135 \text{ gr.} \times 10^2 = 8.235 \text{ k.}$

Si l'on veut prévoir un coup de vent plus fort, de 15 ou de 20 m., par exemple, l'on aura des chiffres réellement exorbitants :

$610^{mc} \times 135 \text{ gr.} \times 15^2 = 18.528 \text{ k.}$ pour 15 mètres.
$610^{mc} \times 135 \text{ gr} \times 20^2 = 32.940 \text{ k.}$ pour 20 mètres.

Le coup de vent de l'ouragan de l'année dernière qui avait une vitesse de 40 mètres à la seconde lui aurait fait subir l'effort insensé de :

$$610^{mc} \times 135 \text{ gr.} \times 40^2 = 131.760 \text{ k.}$$

Il est évident que ce sont là des chiffres en prévision desquels aucun ballon captif sphérique ne peut être établi.

En en revenant au temps normal nous trouvons que pour qu'un ballon du cube de celui de M. Giffard fasse un angle de 45º sous un vent de 6 mètres à la seconde il faut qu'il ait un exédant de force ascensionnelle de 2.964 k., c'est-à-dire le poids de 40 voyageurs. Il fera cet angle lorsque la force horizontale du vent égalera la force verticale ascensionnelle.

Si, sous ce vent-là, l'on eut voulu faire que le ballon eut eu une inclinaison plus rapprochée de la verticale il eut fallu donner une force ascensionnelle telle qu'elle fut aux 2.964 k. comme le sinus au cosinus de l'angle formé.

Ainsi pour le faire tenir à un angle de 80º, il aurait fallu :

$$\cos. 80º : \sin. 80 :: 2.964 : 16.810 \text{ k.}$$

Soit les $\frac{2}{3}$ du pouvoir ascensionnel des 24.000 mètres cubes d'hydrogène qu'il contenait.

Mais cet angle de 45º auquel on souscrivait très volontiers en 1878 n'en est pas moins ridicule en lui-même et il dénature l'idée logique que le public se fait de la chose.

Quant au coup de vent de 10 mètres, lequel se traduisait par un effort de 8.235 k., le ballon en question était tout à fait hors d'état de le subir en l'air; il aurait couché le câble sur le toit des maisons voisines.

En se contentant modestement de faire un angle

de 45° pour un vent de 6 mètres, l'effort auquel devait résister en ce moment le câble était :

$$\text{Sin. } 45° : R : : 2.964 : 4.191 \text{ k.}$$

Si l'on pose en principe qu'il faut qu'en pratique le câble ait un poids égal à l'effort utile qu'il doit soutenir pour des distances de 6 ou 800 mètres, l'on trouve en réalité pour la force ascensionnelle qu'il aurait fallu réserver à cet objet : $4.191 \times 2 = 8.382$ k. Et cela pour un bien maigre résultat.

Avec les ballons captifs sphériques, le seul moyen de réduire la difficulté due à l'effort exercé par le vent consiste à faire de très grands cubes ; en effet, ce n'est qu'en augmentant le volume du ballon qu'on arrive à diminuer relativement sa section. Il est absurde de penser à exploiter un petit ballon captif sphérique, sa section serait trop grande ; les précédents ballons de M. Giffard et d'autres, qui ont été installés à droite et à gauche, l'ont prouvé péremptoirement.

Aussi à quoi n'a-t-on pas été amené ? Qu'on se rappelle la puissance des organes de traction ; deux machines de 300 chevaux chacune, un treuil de 42.000 k. ; le tunnel, la poulie monumentale, etc., etc. ; que de frais, en un mot, pour parer à cette difficulté : l'effort du vent.

Cette difficulté se présentait tellement gênante que pour la plus grande commodité de leur calcul d'établissement ils ont adopté les $\frac{2}{10}$ comme coefficient de réduction du plan mince, alors que celui adopté par Multon, universellement admis aujourd'hui et consacré par l'expérience est trois fois plus fort. C'est

armés de ce nouveau coefficient qu'ils ont répondu aux
objections théoriques ; en pratique, ce n'était guère
plus malin, les jours de calme ou de vent tout à fait
modéré, le ballon s'enlevait ; lorsque le vent se faisait
sentir, il restait à terre.

DU NOUVEAU SYSTÈME

Frappé des difficultés que je viens de signaler et
de l'analogie qu'il y a entre un ballon captif et un
dirigeable, j'ai eu l'idée d'appliquer aux ballons captifs les principes jusqu'ici réservés aux ballons dirigeables ; cette idée n'a jamais été exécutée ni émise
par personne ; tous les ballons captifs qui ont été construits jusqu'à ce jour ont été sphériques, y compris le
projet de ballon captif de M. Gabriel Yon pour la
prochaine exposition.

J'ai été le premier à reconnaître le caractère
éminemment pratique et économique des ballons captifs fusiformes ; comme mon idée était parfaitement
brévetable, puisque c'était l'application nouvelle de
principes connus, j'ai pris un brevet pour les ballons
captifs fusiformes.

En réalité un ballon captif doit être apte à fendre
l'air tout comme un ballon dirigeable ; si l'on vou-

lait maintenir un ballon dirigeable constamment
au-dessus d'un certain point, il faudrait l'animer d'une
vitesse égale et de sens contraire à celle qui anime la
couche d'air dans laquelle il plonge, c'est cette vitesse
dont est animé le ballon captif si l'on considère la
couche d'air immobile.

Tous les avantages découlent précisément de la
facilité avec laquelle les corps fusiformes traversent les
fluides, comparativement aux sphériques.

A volume égal un ballon fusiforme aura, d'abord,
sa section au maître couple beaucoup plus petite que s'il
était sphérique, ensuite le coefficient de réduction n'est
plus que le $\frac{1}{30}$ du plan mince, ce coefficient, déduit
primitivement d'un ensemble comparatif avec les cons-
tructions navales, a été trouvé exact par toutes les
expériences qui ont eu lieu jusqu'à ce jour, et est aujourd'hui accepté par tout le monde.

Le vent ne pourra plus exercer sur le ballon captif
qu'un effort tout à fait négligeable, de là point de force
ascensionnelle employée en pure perte, la pression
intérieure n'aura plus besoin d'être si forte et par conséquent l'étoffe pas aussi lourde, le câble n'aura plus
besoin de tant peser sur le système, puisqu'il n'a
presque plus de travail à faire. La machine, le treuil,
tous les accessoires sont réduits dans la même proportion; et les frais d'installation ne sont plus recon-
naissables.

Cela peut se démontrer en reprenant l'exemple du
ballon captif de 1878.

En le comparant avec un ballon fusiforme du
même volume, proportionné comme celui de M. Dupuy

de Lóme (longueur deux fois et demie le diamètre au plus fort), nous aurons pour celui-ci une section au maître couple de 615 mètres carrés au lieu de 1.017 qu'avait le premier. La section réduite serait de :

$615 \times \frac{1}{30} = 20,5$ mètres carrés; au lieu des 610 correspondants au sphérique ; c'est-à-dire les $\frac{20.5}{610}$ ou le $\frac{1}{30}$ en nombre rond.

Un vent d'une vitesse de 6 mètres lui aurait fait subir un effort de 99,6 k., au lieu de 2.964 k.

Un coup de vent de 10 mèt. un effort de 276,7 k. au lieu de 8.235 k.

Un coup de vent de 15 mèt. un effort de 622,7 k. au lieu de 18.528 k.

Un coup de vent de 20 mèt. un effort de 1.107 k. au lieu de 32.940.

Le grand coup de vent de l'année dernière lui aurait économisé un effort sur le câble égal à 127.332 k.; il n'aurait eu à supporter que 4.428 k., au lieu de 131.760 k.

En fin de compte, et si l'on était également tenu à un angle de 45º avec un vent de 6 mètres, il aurait suffi d'un excès de force ascensionnelle de 99,6 k. le câble n'aurait eu qu'à peser 199,2 k. ; la machine, le treuil, tous les accessoires dans la même proportion.

CLOISONNEMENT DES AÉROSTATS

Le plus grand danger qui menace la vie de ceux qui se confient dans la nacelle d'un ballon captif, n'est pas dans la rupture du câble comme on le croit vulgairement et comme l'on a, à dessein, fait semblant de croire que tel était, en effet, le point délicat de la chose en apportant force chiffres à l'appui pour démontrer que, si tel malheur arrivait, le ballon ne saurait monter à plus de telle hauteur, que tout était prévu pour ce cas, etc., etc. ; d'où ils concluent que l'on peut y monter sans crainte. Non, tel n'est pas le motif qui me ferait réfléchir en mettant le pied dans un ballon captif de l'ancien système ; et ma crainte sera à l'instant partagée par quiconque se donne la peine de penser à ce qu'il serait arrivé si le hasard eut voulu que le ballon de M. Giffard se fut déchiré en pleine ascension. Ceux qui le virent se déchirer disent qu'il s'affaissa instantanément. C'est de me trouver tout à coup lancé dans l'espace à 600 ou 1.000 mètres de hauteur, qui me fait peur ; ce n'est pas de faire une ascension libre.

La déchirure de l'enveloppe d'uu ballon captif est une chose toujours imminente ; la détoriation due à des causes chimiques à part, deux actions mécaniques tendent à amener ce résultat, l'un est le vent, qui peut s'engouffrer dans les plis du ballon, s'il n'a pas

une suffisante pression intérieure, et le déchirer, comme
cela est arrivé au ballon de M. Giffard, l'autre, c'est
la pression intérieure que l'on est obligé de donner
précisément pour éviter la déformation du ballon.

La partie de l'enveloppe d'un ballon sphérique qui
recevra normalement l'effort du vent, cédera certainement si la pression intérieure n'est pas supérieure à
la pression du vent. A 10 mètres de vitesse, la pression du vent est de 135 gr. $\times 10^2 = 13$ k. 5; il faudra
donc une pression intérieure de plus de 13,5 milim.
d'eau, pour qu'il ne se forme pas une poche et que
le ballon ne soit déformé.

Rien que cette pression de 13,5 mil. d'eau, représente, pour un ballon comme celui de M. Giffard, un
effort de :

$$\frac{\pi \times 36^2 \times 13 \text{ k. } 5}{4} = 13.734 \text{ k.}$$

à supporter sur une longueur d'étoffe de $\pi \times 36$
$= 113$ mètres, soit 121 k. 5, par mètre d'étoffe.

Et il est de toute nécessité que la pression soit
forte, car il doit supporter à terre toutes sortes de
coups de vents; celle envisagée au dessus ne suffit
certainement pas; ainsi, pour ne pas être déformé
sous un coup de vent de 15 mètres, il aurait fallu
au minimum une pression intérieure de 30 mil. d'eau,
ce qui aurait porté l'effort, sur l'enveloppe, à 273 k.
par mètre; pour un coup de vent de 20 mètres une
pression de 54 mil. d'eau se soldant par un effort de
486 k. par mètre d'étoffe.

Qu'on réfléchisse, après cela, à ce qu'est en définitive une étoffe, ne pouvant guère dépasser un kilog. par mètre carré, au grand effort qu'on requiert d'elle et à toutes les causes qui la détériorent constamment, aux acides entraînés par un lavage du gaz qui ne peut être parfait, à l'oxidation par l'air, etc., etc., et qu'on réponde ensuite en toute conscience s'il est prudent et humain de livrer la vie d'une cinquantaine de personnes au hasard que l'enveloppe ne crève en l'air.

C'est encore un des avantages de la forme allongée sur la forme sphérique, que la pression intérieure, chez le premier, n'a besoin d'être qu'une fraction de celle du second à vitesse de vent prévue égale ; en effet, sur le sphérique il y aura toujours un point de l'enveloppe qui se présentera normalement au vent, tandis qu'un ballon fusiforme se présentant au vent en pointe présentera toujours un plan incliné, et il est permis d'apprécier au dixième de ce qu'il serait s'il s'exerçait normalement, l'effort du vent sur la partie la moins inclinée, c'est-à-dire la pointe.

C'est très curieux de voir quels accommodements il peut y avoir avec la logique lorsque l'intérêt de la démonstration l'exige, ainsi dans les calculs que présente M. Gabriel Yon pour l'établissement d'un ballon captif pour 89, calculs qui ont déjà été appliqués en 78, l'on va chercher la pression intérieure qu'il faudra donner pour résister à tel vent, de la façon suivante : l'on calcule l'effort effectué par ce vent sur le ballon, c'est-à-dire sa section mince réduite (avec leur coefficient, bien entendu), multipliée par la pression du vent par mètre carré, et l'on divise le tout par la section du ballon, le quotient est, en millimètres d'eau, la pression qui, d'après cette méthode réellement commode, doit suffire pour résister audit vent. Ma méthode à moi ne donne pas de résultats si agréables, il est vrai, mais elle a pour elle d'être plus rationnelle : je dis qne du moment que le vent frappera normalement une portion quelconque de l'enveloppe du ballon, c'est la pression qui en résultera sur ce point, sans réduction d'aucune sorte, dont il faudra tenir compte et qu'il faudra supérer par la pression intérieure.

Saisi par la pensée du danger que l'on courrait, et dans le but d'éviter la chute de tout aérostat dans le cas de rupture de l'enveloppe, j'ai eu l'idée de diviser l'intérieur des aérostats en plusieurs compartiments de façon à ce que l'hydrogène dudit aérostat se trouve fractionné et que dans le cas où l'enveloppe vienne à se déchirer en un point quelconque, il ne perde instantanément qu'une fraction du gaz qu'il contient.

Cette idée fait l'objet d'un brevet spécial.

Le cloisonnement est applicable à tout aérostat quelle qu'en soit la forme. Il s'applique aussi bien aux sphériques qu'aux fusiformes, aux dirigeables qu'aux captifs.

Il est même indispensable à ces derniers s'ils sont destinés à une exploitation publique. Il assure au public une sécurité complète dans le cas, le seul vraiment à craindre, où l'enveloppe vienne à se déchirer en l'air par suite de la pression intérieure qu'il est de toute nécessité de maintenir si l'on ne veut pas que l'aérostat se déchire par un coup de vent.

Les cloisons sont faites à l'aide d'une étoffe légère,

non vernie ou vernie, comme l'on veut, seulement,
dans ce dernier cas, il faut ménager dans les cloisons
des petits orifices, de façon à permettre au gaz de s'équi-
librer automatiquement dans l'intérieur de l'aérostat.
C'est-à-dire qu'il ne faut que ces cloisons soient étanches;
elles ne doivent pas se faire sentir en service courant,
leur mission consiste tout simplement à s'opposer à un
brusque départ du gaz des compartiments correspondants
au reste de l'enveloppe qui ne se serait pas déchirée,
de façon à transformer une chute fatale en une descente sans danger.

La disposition des cloisons peut varier à volonté,
plus l'on en mettra, plus l'on fractionnera le gaz et
mieux cela vaudra. Les cloisons sont cousues à l'enveloppe ainsi qu'à leur point d'intersection entre elles.

Pour diviser un aérostat sphérique en deux compartiments, il suffira d'établir une cloison verticale divi-
sant la sphère en deux parties égales et, par conséquent, la couture de la cloison à l'enveloppe corres-
pondra à un des grands cercles de la sphère. Pour
le diviser en quatre, l'on établira une autre cloison
verticale coupant la première à angle droit; une autre
cloison équatoriale le divisera en huit, etc. Il est aisé
de voir que l'on pourra diviser l'aérostat en un aussi
grand nombre de compartiments que l'on voudra.

Pour les aérostats fusiformes l'on pourra établir
une cloison verticale longitudinale, coupée à angle droit
par une longitudinale horizontale, et plusieurs autres
perpendiculaires à l'axe, et coupant également les deux
premières en angle droit.

L'on ne saurait s'exagérer la très grande importance de l'application du cloisonnement aux ballons captifs ; c'est la vie garantie à ceux qui s'y confieront, c'est l'assurance d'un immense succès pour l'entreprise qui l'exploitera ; c'est, pour moi, le monopole des ballons captifs (fusiformes ou sphériques), car il sera impossible, cette idée là révélée, que l'autorité, qui doit veiller sur la sécurité publique, puisse permettre une exploitation ne comportant pas l'application de mon cloisonnement.

J'envisagerai, plus loin, le cas de la rupture de l'enveloppe sur un ballon cloisonné, et je démontrerai l'efficacité absolue de mon système.

DESCRIPTION

Comme proportions à donner au ballon qu'il s'agit de construire, je me suis arrêté à celles que M. Dupuy de Lôme donna à celui qu'il construisit et expérimenta en 1871, la longueur deux fois et demie son diamètre au plus fort.

Ces dimensions sont de 20 mètres de diamètre au milieu, et de 50 mètres de largeur. Il se divisera en 16 compartiments, par 5 cloisons, disposées ainsi : 2 longitudinales (l'une verticale et l'autre horizontale), et 3 perpendiculaires à l'axe et disposées de façon à fractionner le gaz en parties égales.

Il sera muni d'une poche à air compensatrice de pression capable d'occuper le cinquième du volume total du ballon.

L'enveloppe sera confectionnée avec un tissu de coton, offrant une résistance double à la trame qu'à la chaîne, convenablement cylindré et enduit sur ses deux faces, avant la coupe des fuseaux, d'une couche mince et superficielle d'huile de lin forte lithargirée et noircie. La couture faite, elle sera seule enduite d'une couche de vernis.

Les cloisons seront faites à l'aide d'une percale légère, cylindrée et apprêtée, vernie uniquement aux coutures ; la porosité naturelle de l'étoffe suffira à permettre l'équilibre automatique du gaz, tout en offrant un obstacle suffisant en cas d'accident.

Le ballon sera muni d'une soupape supérieure à commandement, protégée par une tente-abri, d'une soupape automatique inférieure livrant passage au gaz sous une pression de 10 millimètres d'eau; d'une autre soupape automatique communiquant avec la poche à air, destinée à déverser l'excès d'air insuflé constamment dans le ballon et s'ouvrant sous une pression de 6 millimètres d'eau. Un manchon fera communiquer la poche avec un ventilateur placé dans la nacelle.

La suspension s'effectue à la façon ordinaire, à l'aide d'une house de suspension.

La suspension se termine par une série de pattes d'oie qui aboutissent à un certain nombre de points placés dans un même plan, de ces points partent les câbles qui vont soutenir la nacelle sur toute sa longueur.

La nacelle aura la forme d'une cage parallélipipédique de 12 mètres de longeur, 1,50 de largeur et 2 mètres de hauteur; elle sera faite à l'aide de 4 poutres légères réunies entre elles par des entretoises et des croix de Saint-André; le plancher inférieur sera double, de façon à contenir et à installer commodément le lest et les engins prévus pour une ascension libre. Le plancher supérieur n'occupera, au milieu de la nacelle, que l'espace suffisant pour y installer un ventilateur et une dynamo qui le commande.

Cette dynamo recevra le courant, engendré à terre par une génératrice mue constamment par un moteur à gaz spécialement destiné à cet objet, à travers deux fils électriques renfermés dans le câble.

Je ferai noter en passant que l'idée d'envoyer une force motrice à travers le câble pour maintenir le ballon gonflé, m'appartient exclusivement.

Le ballon sera rallié au câble à l'aide de deux grandes pattes d'oie mouflées qui partiront de la house de suspension et iront se réunir au câble en dessous la nacelle et à une distance suffisante pour ne pas gêner l'équilibre de celle-ci, une perche en maintiendra l'écartement et permettra de raccourcir le point de jonction.

A part le câble destiné à suivre le ballon dans sa course ascensionnelle, il y aura un câble très court mais très solide, destiné à maintenir le ballon amarré à terre pendant qu'il sera délesté des voyageurs, ou qu'il devra affronter une bourrasque.

L'on verra plus loin à quoi se réduisent tous les engins de traction et combien ils sont simplifiés.

FORCE ASCENSIONNELLE

La hauteur à atteindre étant fixée à 800 mètres
et le volume du ballon étant de 8.474 mètres cubes
ce sera 847 mètres cubes (le dixième du volume) qu'il
faudra sacrifier pour la libre expansion occasionnée
par la dépression atmosphérique.

Et maintenant il faut prévoir une autre difficulté;
difficulté qui est, comme je l'ai démontré dans une
brochure que j'ai publiée, l'obstacle principal à toute
navigation aérienne. Je veux parler de la variation de
la chaleur rayonnante.

Le fait est le suivant : les rayons calorifiques
solaires traversent en plus ou moins grande quantité
l'atmosphère, selon qu'ils doivent traverser plus ou moins
de vapeur d'eau; pour le cas qui nous occupe, il est
évident que le ballon, en le supposant, s'élevant par
un temps clair et sans nuages, recevra, lorsqu'il aura
atteint ses 800 mètres d'altitude, une plus grande
somme de rayons calorifiques, que lorsqu'il était amarré
au sol; ce sera précisément toute la chaleur inter-
ceptée par la vapeur d'eau que l'atmosphère contenait
dans ses 800 premiers mètres et qu'il contenait mal-
gré sa limpidité.

Qu'en résultera-t-il de ceci? c'est ce que nous

pouvons calculer aproximativement. Il est bien entendu que dans tous ces calculs je néglige les fractions.

Le ballon s'étant découvert du quart, à peu près, de l'écran formé par la vapeur d'eau atmosphérique, il recevra, en plus de ce qu'il recevait à terre, le quart des 10 calories, environ que par mètre carré normal au soleil et par minute, la vapeur d'eau intercepte sur les 23 que nous envoie le soleil.

La section de notre ballon pris en travers étant de 683 métres carrés, il recevra un supplément de chaleur de $683 \times 2.5 = 1.707$ calories par minutes, qu'il perdra par rayonnement propre et par contact avec l'air ambiant après qu'il se sera échauffé suffisamment pour que le produit de sa surface par le coefficient de refroidissement égale ces 1.707 calories.

La surface étant de 2.275 mètres carrés et le coefficient de refroidissement étant de 9,40 calories par différence de 1 dégré, par mètre carré et par heure, le ballon perdra en 1 heure, par augmentation de 1 dégré :

$$2.275 \times 9.40 = 21.385 \text{ calories.}$$

Il faudra donc que, pour perdre les

$$1.707 \times 60 = 102.420 \text{ calories}$$

qu'il reçoit en plus par heure, sa température s'élève de

$$\frac{102.420}{21.385} = 4^{\circ}.78 \text{ dégrés,}$$

en plus de ce qu'elle l'était déjà à terre, sur l'air ambiant.

Le coefficient de dilatation du gaz étant de $\frac{1}{273}$, le gaz contenu à l'intérieur du ballon se sera donc dilaté de $\frac{4.78}{273}$ soit le 57e du volume qu'il occupait, le ballon aura acquis un 57e en plus de sa force ascensionnelle, et le tout se traduira par une traction supplémentaire au câble de 151 k., due à la dilatation au 57e des 7.495 mètres cubes de gaz qu'il contenait à terre.

Mon câble, qui n'avait à faire que le travail pour parer a l'effort du vent se trouve, par le fait de la variation de la chaleur rayonnante, appelé à offrir encore une certaine résistance.

Cet inconvénient, par dessus lequel l'on passe légèrement dans les calculs d'autres ballons captifs que j'ai vu, je le prévois intégralement.

Il est évident qu'il peut se présenter des cas bien plus ennuyeux, par exemple, si le ballon parti de terre à l'ombre d'un nuage se trouve découvert une fois qu'il arrive au sommet de sa course. L'excès de force ascensionnelle est tellement grande dans ce cas, qu'il n'y a pas d'autre remède que d'ouvrir la soupape et de perdre une quantité suffisante de gaz; c'est le dynamomètre qui indique si cette opération est nécessaire, et c'est au conducteur à veiller sur ses indications.

Donc il faut retrancher aux 8.474 mètres cubes que mesure le ballon, 847 mètres cubes pour la dilatation barométrique; des 7.627 mètres cubes restant, il faut en retrancher 131,5 mètres cubes pour la dilatation thermométrique; ce qui nous laisse finalement la disposition de 7.495,5 mètres cubes qui, en se servant d'hydrogène pur, nous donneront un effort total de :

$$7.495 \times 1 \text{ k. } 150 = 8.619 \text{ k.}$$

POIDS

En accordant à l'étoffe un poids moyen de 500 gr. par mètre carré, coutures comprises,nous avons comme poids de l'enveloppe et de la poche :

$$(2.275 + 457) \times 0\,\mathrm{k}.500 = 1.366\ \mathrm{k}.$$

Les cloisons se décomposent en 2 longitudinales, de 642 mètres carrés chacune , et de 3, perpendiculaires a l'axe, de 314 mètres carrés chaque. En accordant un 20 °/₀ pour leur donner une convexité qui leur donne une certaine liberté de déplacement, nous avons :

$$(642 \times 2 + 314 \times 3) \times 1.20 = 2.671 \text{ mètres carrés.}$$

La percale requise pèse 80 gr. par mètre carré; cela fait donc un poids, pour les cloisons, de :

$$2.671 \times 80\ \mathrm{gr}. = 213\ \mathrm{k}.$$

Ainsi voilà à quoi se réduit le supplément de poids occasionné par mon cloisement, à 213 k., et avec cela la vie des 40 voyageurs garantie.

La forme de la nacelle, affectant celle d'une passerelle, permet de la construire solidement avec un poids de 1.000 k.

40 voyageurs à 70 k. chaque : 2.800 k.

Force ascensionnelle à réserver pour faire un angle

de 80º sur l'horizon, avec un vent de 6 mètres : 289 k.

Poids du câble, égal à l'effort total prévu, 444 k.

En me résumant, j'ai :

Enveloppe et poche.....	1.366 k.
Cloisons...............	213 k.
Nacelle...............	1.000 k.
Voyageurs............	2.800 k.
Force ascensionnelle....	289 k.
Câble	444 k.
	6.112 k.

Lesquels retranchés des 8.619 k. que peut enlever l'aérostat nous donne un exédant de

$$8.619 - 6.112 = 2.507 \text{ k.}$$

qui seront pris à leur tour par la suspension, les soupapes, la soufflerie, le lest, etc., etc.; dans le détail du poids desquels il est tout à fait superflu d'entrer.

TRAVAIL DE L'ETOFFE

En prévoyant un coup de vent de 20 mètres, la pression sur la pointe du ballon sera de :

$$\frac{135^{gr.} \times 20^2}{10} = 5 \text{ k. } 400$$

Il suffira donc de donner au ballon une pression supérieure à 5.4 millimètres d'eau pour que le ballon puisse résister à ce coup de vent sans se déformer. Nous avons vu que tel sera le cas puisque la soupape à air s'ouvrira sous une pression de 6 millimètres.

La soupape automatique du gaz s'ouvrira, sous 10 millimètres d'eau, c'est à cette pression qu'il faut calculer le travail de l'enveloppe.

Le diamètre, au plus fort du ballon, étant de 20 mètres, la pression fera subir en ce point à l'étoffe un effort de 10×10 k. $= 100$ k. par mètre courant d'étoffe et dans le sens de la trame ; dans le sens de la chaîne, ce ne sera que la moitié : 50 k.

TRAVAIL DU CABLE

En établissant le ballon de façon à faire un angle de 80° avec un vent de 6 mètres, nous avons :

Section du ballon 314 mètres carrés.

Section réduite $\frac{314}{30}$ = 10.5 mètres carrés.

Effort à 6 mètres $10,5 \times 135^{gr.} \times 6^2$ = 51 k.

Puissance ascensionnelle à donner pour faire un angle de 80° :

$$R : Tang. 80° : : 51 : 289 \text{ k.}$$

Résultante sur le câble, Sin. 80° : R : 289 : 293 k.

Effort ascensionnel dû au rayonnement supplémentaire : 151 k.

Effort additionné : 293 + 151 = 444 k.

Son propre poids s'y ajoutant : 444×2 = 888 k. qu'il doit supporter au sommet.

Le poids de 444 k. que nous avons réservé pour le câble nous donnera un câble de 800 mètres de longueur, d'un diamètre uniforme de 2,65 centimètres et rompant sous un effort de 5.555 k., en prenant comme rupture un effort de 1.000 k. par centimètre carré de section.

Il travaillera donc, avec un vent de 6 mètres, et à 80° sur l'horizon à $\frac{1}{6}$ de sa rupture.

Il est à noter qu'un coup de vent plus fort ne fera trop sensiblement varier l'effort sur le câble; il ne fera qu'incliner davantage le ballon. Ainsi sous un coup de vent de 10 mètres, ce n'est qu'un supplément de :

$$(10,5 \times 135^{gr.} \times 10^2) - 51 \text{ k.} = 90 \text{ k.}$$ que le câble aura à résister en plus, et qui inclinera le ballon de façon à former un angle de :

$$141 : 289 : : R : : \text{Tang. } 64^o$$

sur l'horizon.

PUISSANCE DE LA MACHINE

La traction, par 6 mètres de vent et le ballon étant à terre, étant de 293 k. + 444 k. = 737 k. et la machine devant ramener le ballon à terre avec une vitesse de 1 mètre par seconde, elle devra fournir un travail de 737 kilogramètres auxquels il faudra ajouter la résistance de l'air à la descente du ballon, qui est, en réduisant de moitié la section mince horizontale du ballon, de:

$$\frac{642 \times 135 \text{ gr.}}{2} = 43 \text{ k.}$$

ce qui fait un total de 737 k. + 43 k. = 780 kilogrammètres que devra fournir la machine; soit :

$$\frac{780}{75} = 10,4$$

ou dix chevaux vapeur en nombre rond.

Cette puissance sera fournie par un moteur à gaz.

Le treuil sera une bobine de 2 mètres de long sur 1 m. de diamètre, sans gorge aucune, et sur laquelle le câble s'y enroulera en quatre couches.

Le câble passera sur le pavé pour aller trouver la poulie, laquelle sera une simple poulie ordinaire, retenue à terre par un double anneau.

Indépendamment de cela, il y aura un moteur à gaz de 1 cheval qui sera constamment en mouvement et qui actionnera une dynamo dont le courant sera envoyé, à travers le câble, à celui placé sur la nacelle, et qui est chargé de faire marcher le ventilateur.

EFFICACITÉ DU CLOISONNEMENT

La couture des cloisons à l'enveloppe étant convenablement renforcée par une ganse, il n'y a pas à prévoir le cas où une déchirure s'étende à plus d'un compartiment.

Les cloisons fractionnant le gaz en 16 parties égales, c'est $\frac{1}{16}$ des 8.619 k. que soutient le gaz que le ballon perdra instantanément par le fait de la déchirure de son enveloppe en un point quelconque; ce qui donnera une perte instantannée de force ascensionnelle de $\frac{8.619}{16} = 538$ k. ; l'excès de force ascensionnelle tenue à dessein pour contrecarer l'effort du vent étant de 289 k., ce sera donc $538 - 289 = 249$ k. qui forceront à désdendre le ballon et qu'il suffira de jeter en un équivalent de lest pour ne plus descendre du tout. Le câble ramènera alors le ballon, et les 444 k. qu'il pèse et dont se délestera le ballon à mesure qu'il s'approchera de terre, compenseront de beaucoup la perte de gaz que le ballon fera pendant ce temps.

En résumé l'accident en lui-même peut être tenu comme non-avenu par les voyageurs, lesquels toucheront terre dans les conditions ordinaires.

COUT ET RÉMUNÉRATION

La confection du ballon avec sa poche nécessitera l'emploi de 3.000 mètres de toile cirée en 105 centimètres de large, revenant en moyenne à 2 francs, ci................................... 6.000 fr.

Les cloisons demanderont 2.000 mèt. de percale en 160 centimètres à 1 franc le mètre, ci........................... 2.000

Le travail de coupe et couture, s'élèvera à........................... 2.000

7.495 mètres cubes de gaz à 1 fr., ci.. 7.495

Total.............. 17.495 fr.

pour le ballon proprement dit et son gaz.

Je m'abstiens de détailler le coût du restant, tel que nacelle, câble, cordages, accessoires divers, générateur d'hydrogène, treuil, pesons, etc., etc., qui, estimés grandement, doubleront le chiffre précédent. C'est donc 36.000 fr. que coûtera le système ; soit une mise de capital de 50,000 fr. pour achat du moteur et pour faire face à l'imprévu.

Les frais d'exploitation comprendront le loyer de l'emplacement, la contribution, l'hydrogène pour compenser la perte par osmose, les appointements de quelques employés ; en définitive, aucune dépense sérieuse et comparable à celle qu'entraîne tout autre spectacle public. Un théâtre, par exemple, doit commencer par payer, comme l'on sait, son étoile, par l'entourer de premiers sujets qui lui coûtent très cher, par entretenir un tas de choristes, danseurs et un personnel à n'en jamais finir; loyer très fort, droits d'auteur, etc., etc. Il faut donner 20,000 fr. à un premier espada pour qu'il fasse une course. Et avec les courses, comme au théâtre, l'impressario trouve encore moyen de gagner de l'argent quand il a la veine d'emmancher un succès.

Le spectacle offert du haut d'un ballon captif restera toujours ce qu'il est : intéressant, émouvant, sublime; sans aucun parallèle avec tout autre spectacle public; il intéressera continuellement, il se fera la réclame lui-même.

Le ballon captif de M. Giffard fit un milllion de francs de recette en cent jours, c'est un chiffre authentique et qui est on ne peut plus éloquent par lui-même.

En admettant que tous les 50.000 fr. soient invertis pour la construction du ballon, que le prix des places soient fixés à 10 fr., et que l'on fasse 4 ascensions à l'heure, il suffira de :

$$\frac{50.000}{40 \times 10 \times 4} = 31\ 1/4 \text{ heures de plein travail}$$

pour amortir le capital inverti, pendant lesquelles les frais d'exploitation se seront peut-être élevés à 100 fr.

Comme affaire, il n'y a rien de comparable à cela ; c'est une mine d'or. La supposition d'une mauvaise spéculation ne doit être envisagée que comme une absurdité indigne d'être relevée.

La sécurité dont, grâce à mon cloisonnement, le public jouira, ne fera que faire croître et embellir l'affaire. La facilité de déplacement du système n'est pas un des moindres avantages de l'exploitation ; il sera très facile de changer le panorama en déménageant et en changeant de place.

En dernier lieu je ferai observer que mon invention ne présente aucune inovation capable d'un aléa quelconque ; il s'agit, d'une part, de construire un ballon comme il s'en est construit mille, et, de l'autre, d'y ajouter un cloisonnement de la même façon qu'on les a déjà munis de poches.

La construction d'un ballon est une chose des plus simples en elle-même et, dans mon cas, elle est encore plus simplifiée par la suppression de l'opération la plus longue, la plus fastidieuse et la plus délicate; je veux parler du vernissage.

La grande économie que mon système représente résulte du fait brutal d'un effort trente fois moindre à faire dans tous les sens.

J. BEL.

Paris, Septembre 1886